colegio - chikoro   2
viaje - rwendo   5
transporte - zvifambiso   8
ciudad - guta   10
paisaje - mamiriro akaita nzvimbo   14
restaurante - resitorendi   17
supermercado - supamaketi   20
bebidas - zvekunwa   22
comida - zvekudya   23
granja - purazi   27
casa - imba   31
living - imba yekutandarira   33
cocina - kicheni   35
baño - mekugezera   38
cuarto de los chicos - imba yemwana   42
ropa - zvipfeko   44
oficina - hofisi   49
economía - mamiriro eupfumi   51
ocupaciones - mabasa   53
herramientas - maturusi   56
instrumentos musicales - zviridzwa   57
zoológico - munochengeterwa mhuka   59
deportes - mitambo   62
actividades - mabasa   63
familia - mhuri   67
cuerpo - muviri   68
hospital - chipatara   72
emergencia - zvekukurumidza   76
Tierra - Nyika   77
reloj - wachi   79
semana - vhiki   80
año - gore   81
formas - mashepu   83
colores - mavara   84
opuestos - misiyano   85
números - manhamba   88
idiomas - mitauro   90
quién / qué / cómo - ani / chii / sei   91
dónde - papi   92

Impressum
Verlag: BABADADA GmbH, Nedderfeld 112 , 22529 Hamburg
Geschäftsführer / Verlagsleitung: Harald Hof
Druck: Books on Demand GmbH, In de Tarpen 42, 22848 Norderstedt

Imprint
Publisher: BABADADA GmbH, Nedderfeld 112 , 22529 Hamburg, Germany
Managing Director / Publishing direction: Harald Hof
Print: Books on Demand GmbH, In de Tarpen 42, 22848 Norderstedt

colegio
chikoro

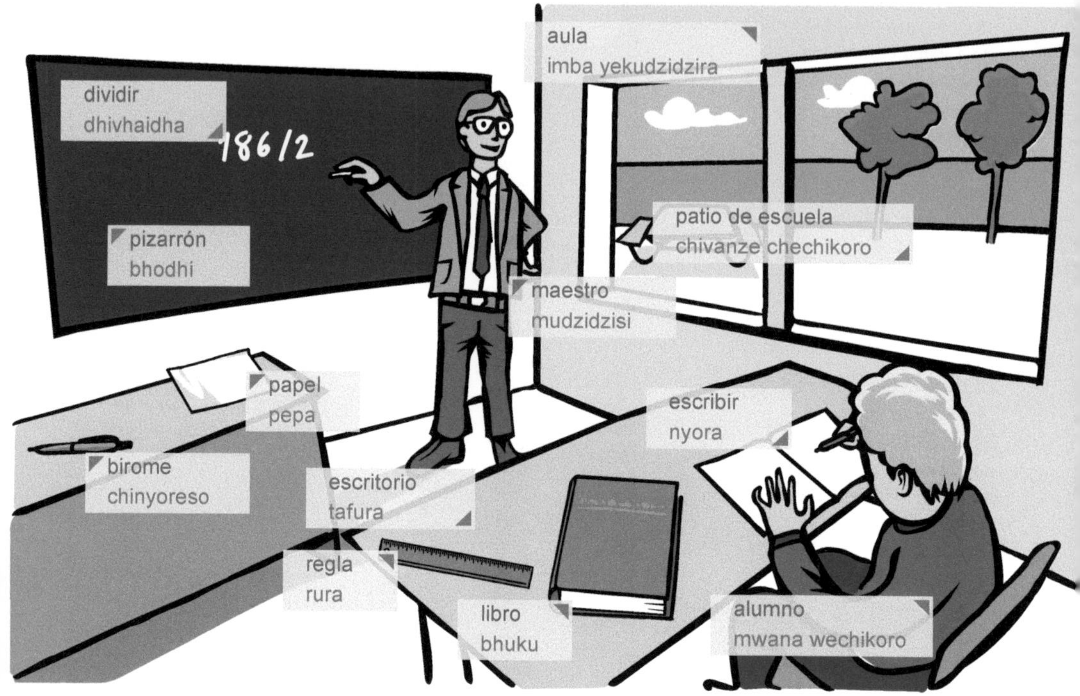

aula
imba yekudzidzira
dividir
dhivhaidha
186/2
pizarrón
bhodhi
patio de escuela
chivanze chechikoro
maestro
mudzidzisi
papel
pepa
escribir
nyora
birome
chinyoreso
escritorio
tafura
regla
rura
libro
bhuku
alumno
mwana wechikoro

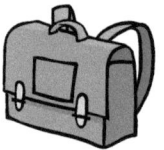

mochila

bhegi

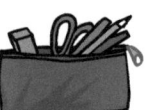

caja de lápices

chekuchengetera mapenzura

lápiz

penzura

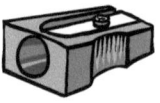

sacapuntas

chekurodzesa mapenzura

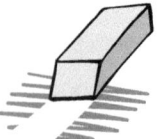

goma (de borrar)

rabha

bloc de dibujo

bhuku rekudhirowera mifananidzo

dibujo

mufananidzo
wakadhirowewa

pincel

bhurasho rekupendesa

caja de pinturas

bhokisi rependi

tijera

chigero

pegamento

guruu

cuaderno de ejercicios

bhuku rekunyorera

tarea

basa rinoitirwa kumba

número

nhamba

sumar

sanganisa

restar

bvisa

multiplicar

wanziridza

calcular

kakureta

letra

bhii

abecedario

arufabheti

palabra

shoko

texto
mashoko

leer
kuverenga

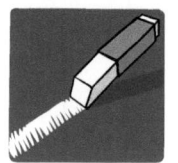

tiza
choko

lección
chidzidzo

cuaderno de clase
bhuku remazita

examen
bvunzo

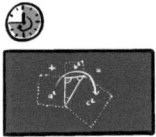

certificado
setifiketi

uniforme escolar
yunifomu yekuchikoro

educación
dzidzo

enciclopedia
encyclopedia

universidad
yunivhesiti

microscopio
maikorosikopu

mapa
mepu

tacho (de basura)
bhini remapepa

viaje
rwendo

hotel
hotera
Grand
hostel
mahostera
ROOMS
EXCHANGE
casa de cambio
panochinjwa mari
valija
sutukesi
auto
mota

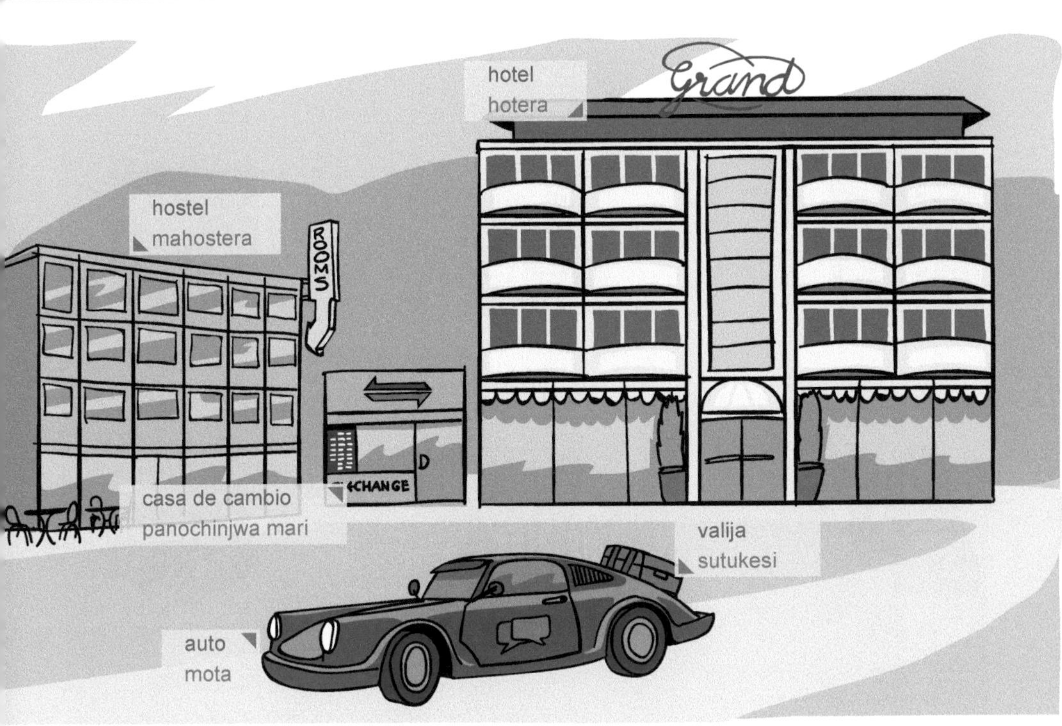

idioma

mutauro

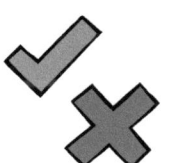

sí / no

hongu / kwete

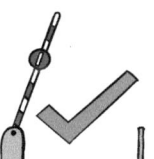

Está bien

Zvakanaka

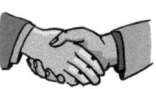

hola

hesi

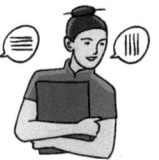

traductor

mushanduri

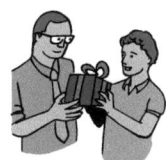

Gracias

Mazvita

¿cuánto cuesta...?

Imarii... ?

No entiendo

Handisi kunzwisisa

problema

dambudziko

¡Buenas tardes!

Manheru!

¡Buenos días!

Mangwanani!

¡Buenas noches!

Murare zvakanaka

adiós

toonana

dirección

mafambiro

equipaje

katundu

bolso

bhegi

mochila

bhegi rekumusana

invitado

muenzi

habitación

imba

bolsa de dormir

bhegi rekurarira

carpa

tendi

información turística

mashoko evafambi

playa

mahombekombe

tarjeta de crédito

kadhi rekubhengi

desayuno

kudya kwemangwanani

almuerzo

kudya kwemasikati

cena

kudya kwemanheru

pasaje

tiketi

ascensor

chikwidzo

sello

chitambi

frontera

muganhu

aduana

vanoona nezvekupinda
munyika

embajada

vamiriri venyika

visa

vhiza

pasaporte

pasipoti

transporte
zvifambiso

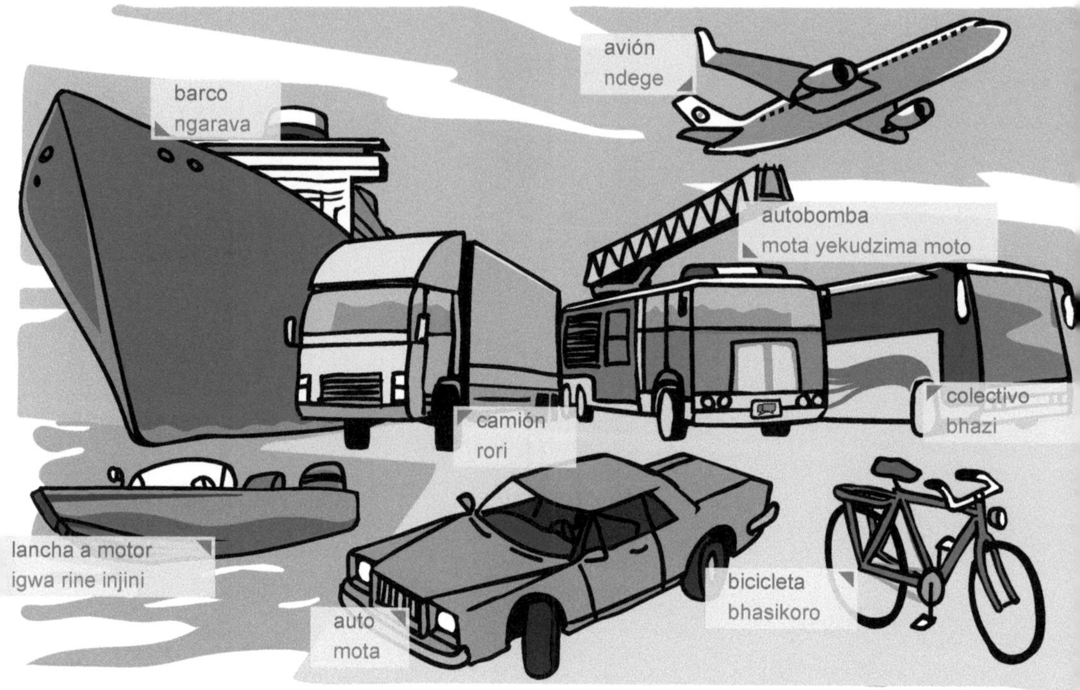

avión
ndege
barco
ngarava
autobomba
mota yekudzima moto
colectivo
bhazi
camión
rori
lancha a motor
igwa rine injini
bicicleta
bhasikoro
auto
mota

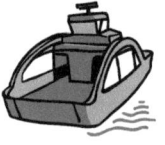

ferry

igwa

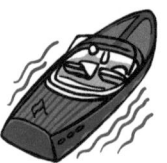

bote

igwa

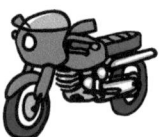

moto

mudhudhudhu

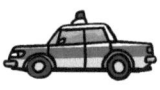

patrullero

mota yemapurisa

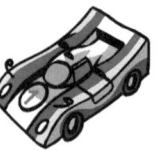

auto de carreras

mota yemujaho

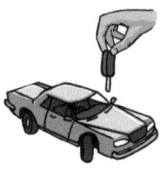

auto de alquiler

mota yekuhaya

alquiler de autos

kuhaya mota

grúa

mota inodhonza dzinenge dzafa

camión de basura

mota yemabhini

motor

injini

nafta

mafuta

estación de servicio

garaji remafuta

señal de tránsito

chikwangwani chemumugwagwa

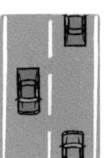

tránsito

mota

embotellamiento

mota dzakawandisa

estacionamiento

panopakwa mota

estación de tren

chiteshi chezvitima

vías

njanji

tren

chitima

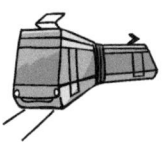

tranvía

tram

vagón

chitima

helicóptero

chikopokopo

aeropuerto

nhandare yendege

torre

nharire

pasajero

mufambi

contenedor

chikondena

caja de cartón

kadhibhodhi bhokisi

carretilla

ngoro

canasta

bhasiketi

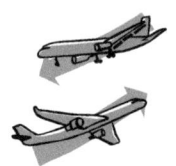

despegar / aterrizar

simuka / mhara

ciudad

guta

pueblo

musha

centro de ciudad

pakati peguta

casa

imba

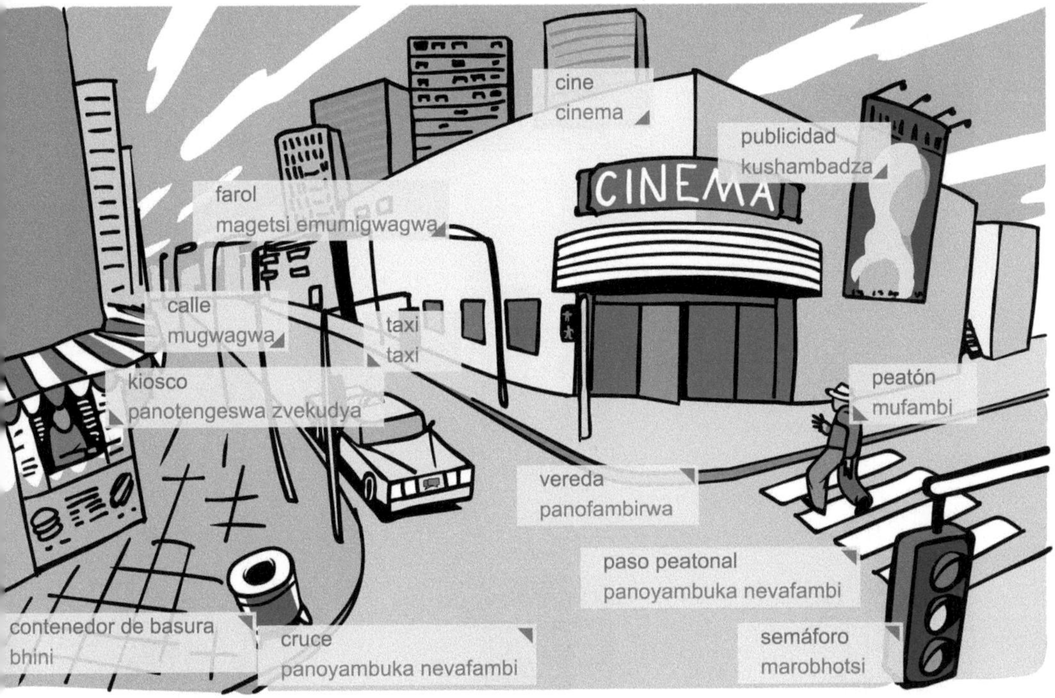

cine
cinema

publicidad
kushambadza

farol
magetsi emumigwagwa

calle
mugwagwa

taxi
taxi

peatón
mufambi

kiosco
panotengeswa zvekudya

vereda
panofambirwa

CINEMA

paso peatonal
panoyambuka nevafambi

contenedor de basura
bhini

cruce
panoyambuka nevafambi

semáforo
marobhotsi

cabaña
imba

departamento
mafurati

estación de tren
chiteshi chezvitima

municipalidad
imba yeguta

museo
muziyamu

colegio
chikoro

universidad

yunivhesiti

banco

bhengi

hospital

chipatara

hotel

hotera

farmacia

panotengeswa mishonga

oficina

hofisi

librería

chitoro chemabhuku

negocio

chitoro

florería

panotengeswa maruva

supermercado

supamaketi

mercado

musika

grandes tiendas

chitoro chine
madhipatimendi

pescadería

panotengeswa hove

centro comercial

nzimbo ine zvitoro

puerto

chiteshi chengarava

parque

paki

banco

bhenji

puente

bhiriji

escaleras

masitepisi

subte

nzira inoenda nepasi

túnel

mugwagwa wepasi

parada del colectivo

panokwirirwa mabhazi

bar

bhawa

restaurante

resitorendi

buzón

bhokisi retsamba

letrero

chikwangwani
chemugwagwa

parquímetro

mita yekupaka

zoológico

munochengeterwa mhuka

pileta

kunotuhwinirwa

mezquita

mosque

granja
purazi

contaminación
kusvibisa

cementerio
kumakuva

iglesia
chechi

juegos infantiles
pekutambira

templo
temberi

paisaje
mamiriro akaita nzvimbo

hoja
shizha

poste indicador
chikwangwani

camino
nzira

pradera
mafuro

piedra
dombo

excursionista
mufambi

árbol
muti

río
rwizi

hierba
uswa

flor
ruva

valle

mupata

montaña

gomo

lago

dhamu

bosque

sango

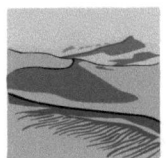

desierto

gwenga

volcán

chikwatamabwe

castillo

zimba

arco iris

muraraungu

champiñón

hohwa

palmera

muchindwe

mosquito

umhutu

mosca

nhunzi

hormiga

svosve

abeja

nyuchi

araña

buve

paisaje - mamiriro akaita nzvimbo

escarabajo

chipembenene

rana

datya

ardilla

tsindi

erizo

nungu

liebre

tsuro

lechuza

zizi

pájaro

shiri

cisne

swan

jabalí

nguruve yemusango

ciervo

nondo

alce

moose

presa

dhamu

aerogenerador

injini yemhepo

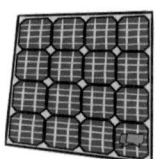

panel solar

panero rezuva

clima

mamiriro ekunze

restaurante

resitorendi

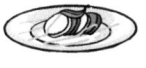

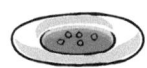

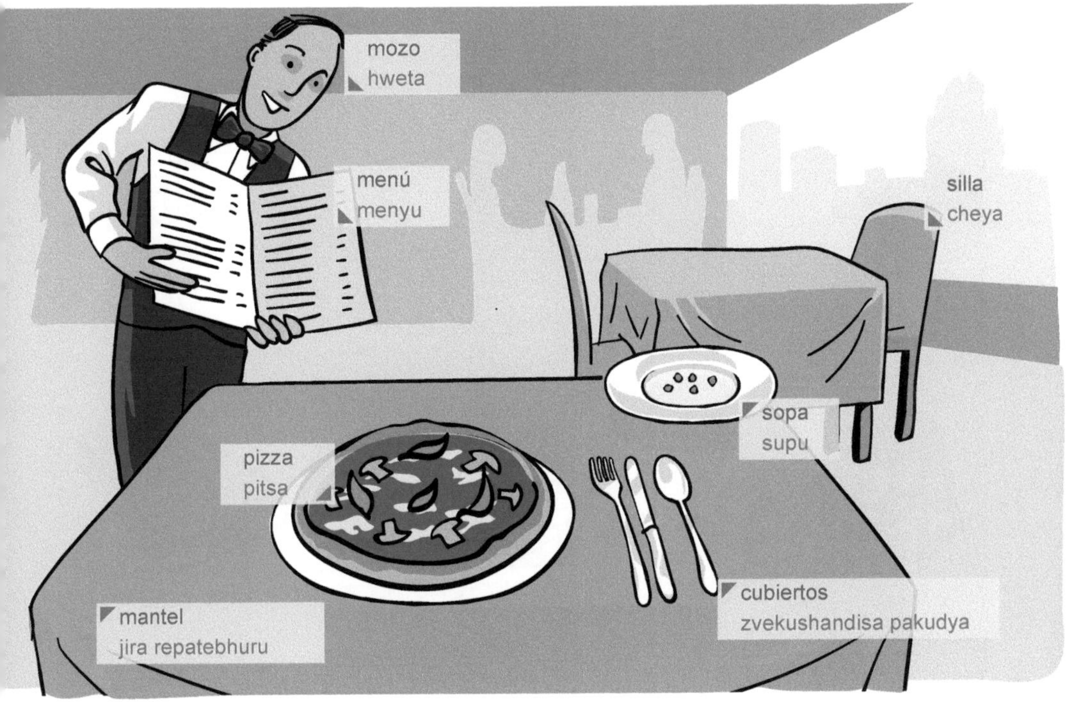
mozo
hweta
menú
menyu
silla
cheya
sopa
supu
pizza
pitsa
cubiertos
zvekushandisa pakudya
mantel
jira repatebhuru

entrada

zvekusosa nzara

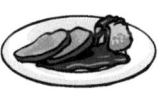

plato principal

zvekudya

postre

zvekuseredzera

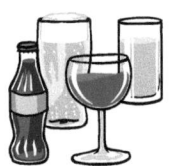

bebidas

zvekunwa

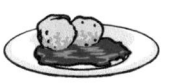

comida

zvekudya

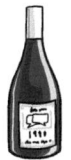

botella

bhodhoro

comida rápida

zvekudya zvisingatori nguva kubika

comida callejera

chikafu chinotengeswa munzira

tetera

tipoti

azucarera

gabha reshuga

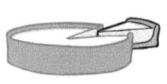

porción

chidimbu

cafetera expreso

muchina wekofi

sillita alta

cheya yemwana

cuenta

bhiri

bandeja

tureyi

cuchillo

banga

tenedor

forogo

cuchara

chipunu

cucharita

chipunu

servilleta

zvekupukutisa muromo

vaso

girazi

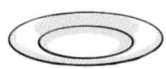

plato

ndiro

plato hondo

ndiro yesupu

plato

ndiro

salsa

supu

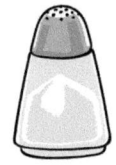

salero

chekuisira sauti

molinillo de pimienta

chekugaya mhiripiri

vinagre

vhiniga

aceite

mafuta

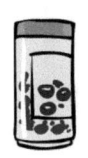

especias

masipaisi

kétchup

ketchup

mostaza

mustard

mayonesa

mayonaizi

supermercado
supamaketi

oferta especial
zvaderedzwa mitengo
FOR
cliente
mutengi
lácteos
zvinogadzirwa nemukaka
fruta
michero
changuito
chingoro

BUTCHERS

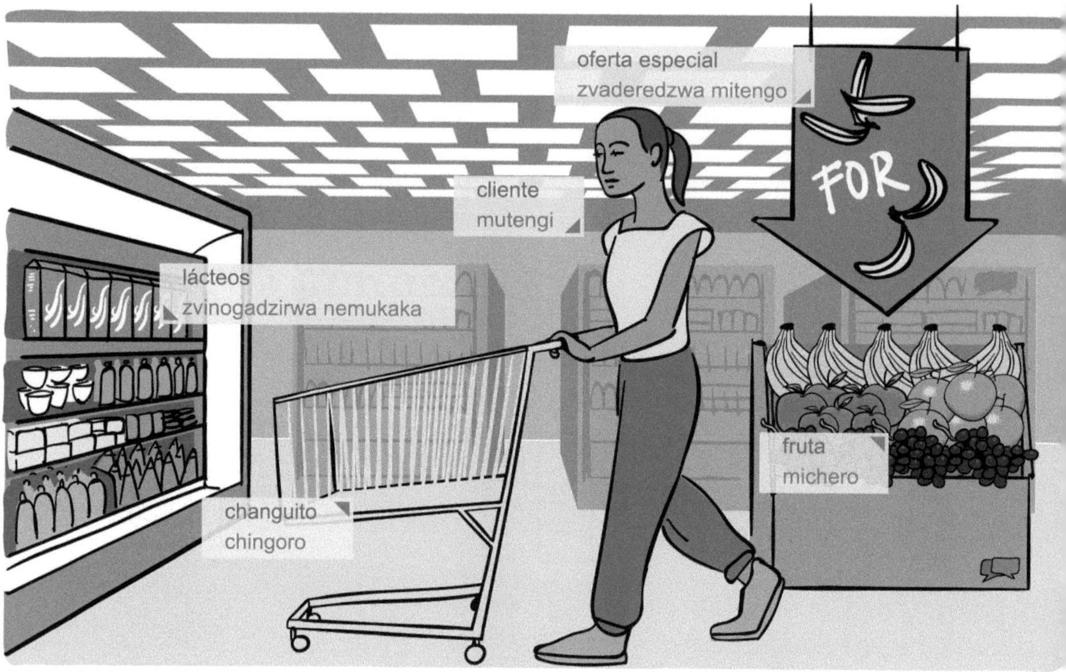

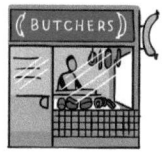

carnicería

panotengeswa nyama

BAKERY

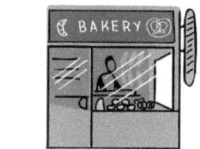

panadería

panotengeswa chingwa

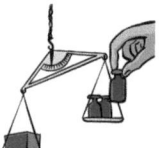

pesar

kuyera

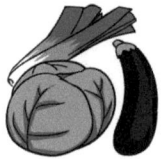

verduras

miriwo

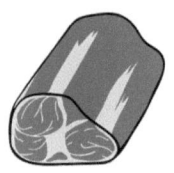

carne

nyama

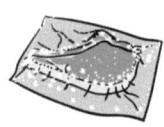

alimentos congelados

zvekudya zvakaoma nechando

fiambres
nyama yakatonhora

alimentos enlatados
zvekudya zvemugaba

detergente en polvo
sipo yeupfu yekuwachisa

golosinas
masuwiti

electrodomésticos
zvekushandisa mumba

productos de limpieza
zvekuchenesa nazvo

vendedora
mutengesi

caja
tiru

cajero
mutengesi

lista de compras
zviri kuda kutengwa

horario de atención
nguva dzekuvhura

billetera
chikwama

tarjeta de crédito
kadhi rekubhengi

cartera
bhegi

bolsa de plástico
pepa rekuisira

bebidas

zvekunwa

agua

mvura

jugo

muto wemichero

leche

mukaka

bebida cola

coke

vino

waini

cerveza

doro

alcohol

doro

cacao

cocoa

té

tii

café

kofi

café expreso

kofi

cappuccino

cappuccino

banana

bhanana

manzana

apuro

naranja

orenji

melón

nwiwa

limón

ndimu

zanahoria

karotsi

ajo

gariki

bambú

mushenjere

cebolla

hanyanisi

champiñón

hohwa

nueces

nzungu

fideos

manoodle

tallarines

spaghetti

arroz

mupunga

ensalada

saradhi

papas fritas

machipisi

papas fritas

mbatatisi dzakafuraiwa

pizza

pitsa

hamburguesa

chingwa chakaruma nyama

sándwich

sangweji

churrasco

nhindi

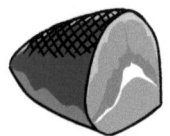

jamón

ham

salame

salami

salchicha

soseji

pollo

huku

asado

gochwa

pescado

hove

copos de avena

bota reoats

muesli

muesli

copos de maíz

macornflake

harina

furawa

medialuna

croissant

pancito

chingwa

pan

chingwa

tostada

chingwa chakagochwa

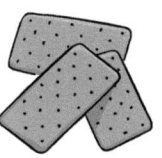

galletitas

mabhisikiti

manteca

bhata

cuajada

ige

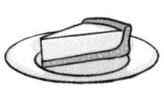

torta

keke

huevo

zai

huevo frito

zai rakafuraiwa

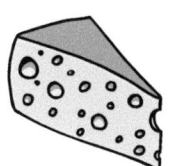

queso

chizi

comida - zvekudya

25

helado

aizikirimu

azúcar

shuga

miel

huchi

mermelada

jemu

pasta de chocolate

chocolate yekuzora

curry

curry

granja
purazi

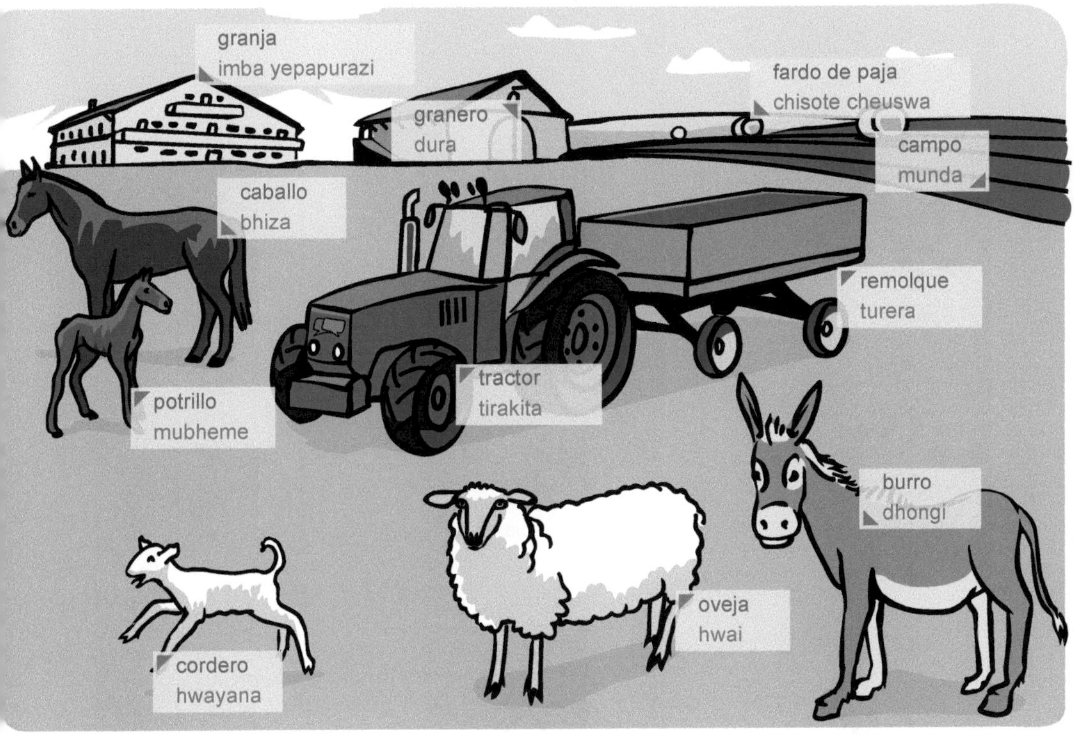
granja
imba yepapurazi
granero
dura
fardo de paja
chisote cheuswa
campo
munda
caballo
bhiza
remolque
turera
tractor
tirakita
potrillo
mubheme
burro
dhongi
oveja
hwai
cordero
hwayana

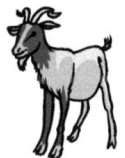

cabra
mbudzi

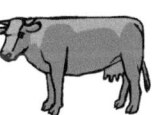

vaca
mhou

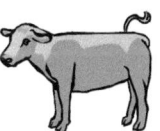

ternero
mhuru

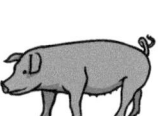

cerdo
nguruve

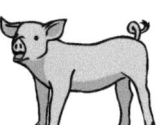

lechón
chigwi

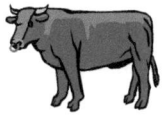

toro
bhuru

ganso

dhadha

pato

dhakisi

pollo

nhiyo

gallina

tseketsa

gallo

jongwe

rata

gonzo

gato

katsi

ratón

mbeva

buey

dhonza

perro

imbwa

cucha

imba yembwa

manguera

pombi yemvura

regadera

keni yekudiridzisa

guadaña

jeko

arado

gejo

hoz

jeko

azada

badza

horquilla

forogo

hacha

demo

carretilla

bhara

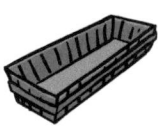

abrevadero

chidyiro

lechera

bhodhoro remukaka

bolsa

saga

reja

fenzi

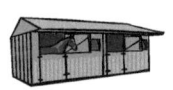

establo

danga

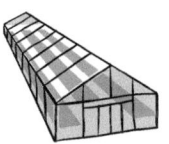

invernadero

greenhouse

suelo

ivhu

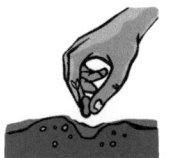

semilla

mbeu

fertilizador

fetereza

cosechadora

mota yekukohwesa

cosechar

kukohwa

cosecha

gohwo

batatas

mbatatisi

trigo

gorosi

soja

soya

papa

mbatatisi

maíz

chibage

semilla de colza

rapeseed

árbol frutal

muti wemichero

mandioca

mufarinya

cereales

mbesa

casa
imba

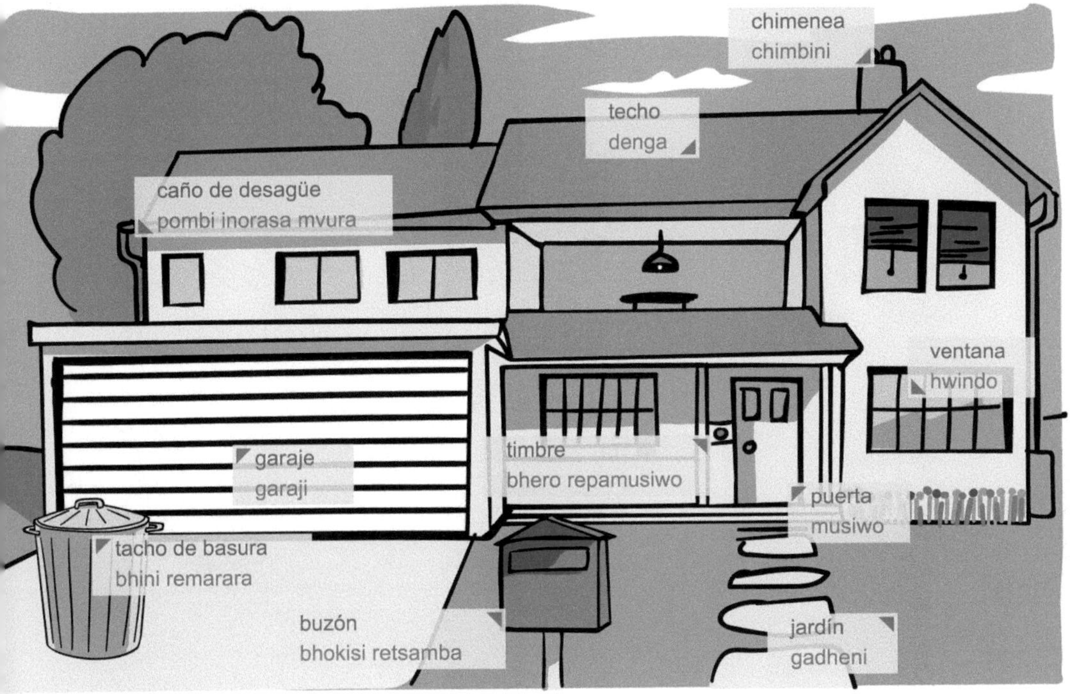
chimenea
chimbini
techo
denga
caño de desagüe
pombi inorasa mvura
ventana
hwindo
garaje
garaji
timbre
bhero repamusiwo
puerta
musiwo
tacho de basura
bhini remarara
buzón
bhokisi retsamba
jardín
gadheni

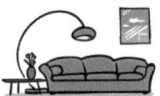

living

imba yekutandarira

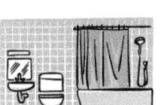

baño

mekugezera

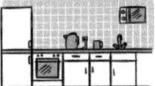

cocina

kicheni

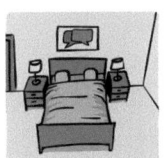

dormitorio

imba yekurara

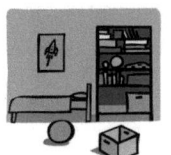

cuarto de los chicos

imba yemwana

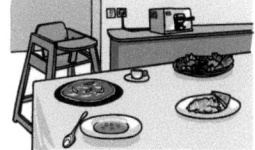

comedor

imba yekudyira

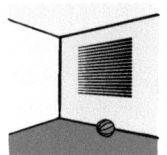

piso

uriri

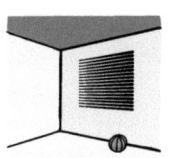

pared

madziro

cielorraso

denga

sótano

imba yepasi

sauna

sauna

balcón

vharanda repadenga

terraza

uriri hwepadenga

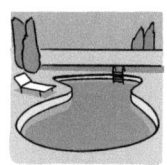

pileta

dziva rekushambira

cortadora de pasto

muchina wekuchekesa
uswa

sábana

jira

acolchado

chekufukidza mubhedha

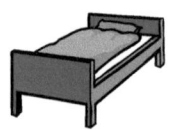

cama

mubhedha

escoba

bhurumu

balde

bhaketi

interruptor

suwichi

living
imba yekutandarira

empapelado
pepa remadziro
imagen
pikicha
lámpara
rambi
estante
sherufu
armario
kabhati
televisión
TV
chimenea
nzvimbo yemoto
flor
ruva
almohadón
kusheni
sofá
sofa
florero
vhazi
control remoto
rimoti

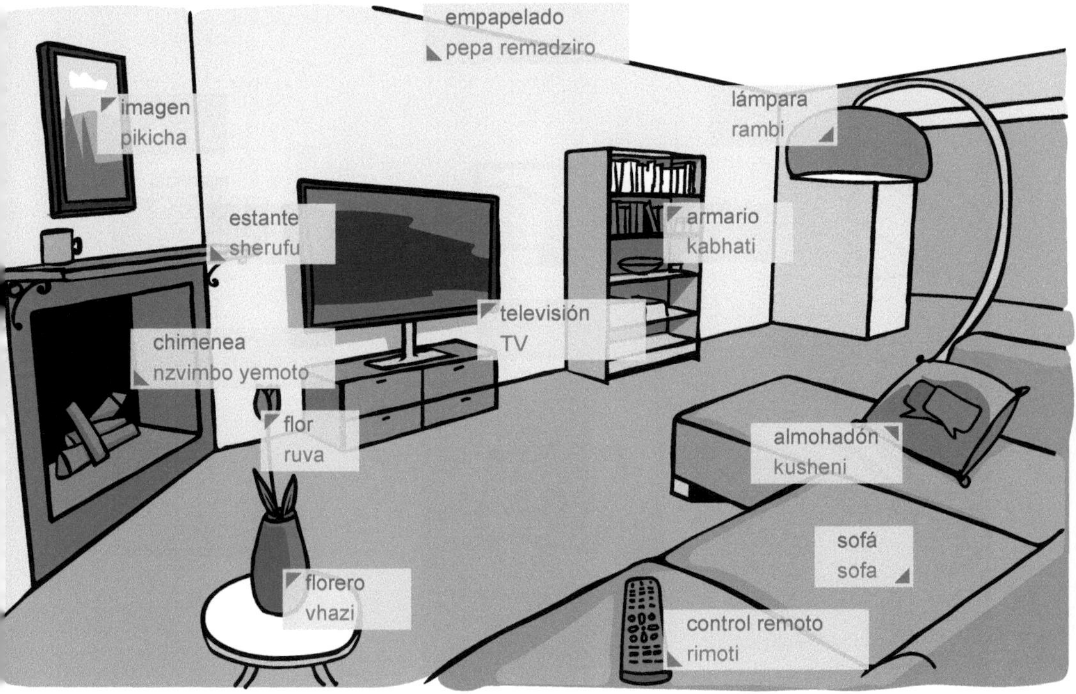

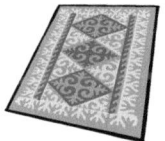

alfombra

kapeti

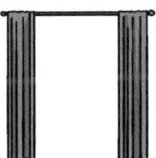

cortina

keteni

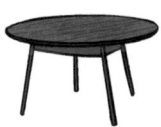

mesa

tebhuru

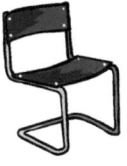

silla

cheya

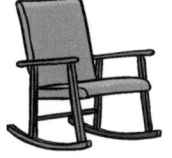

mecedora

cheya inozeya

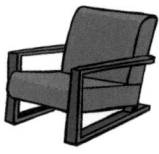

sillón

cheya ine pekuisa maoko

libro

bhuku

frazada

gumbeze

decoración

marongedzero

leña

huni

película

firimu

equipo de música

redhiyo yehi-fi

llave

kii

diario

pepanhau

pintura

mufananidzo

póster

posita

radio

redhiyo

cuaderno

pekunyorera

aspiradora

muchina wekuhuvhisa

cactus

chinanazi

vela

kenduru

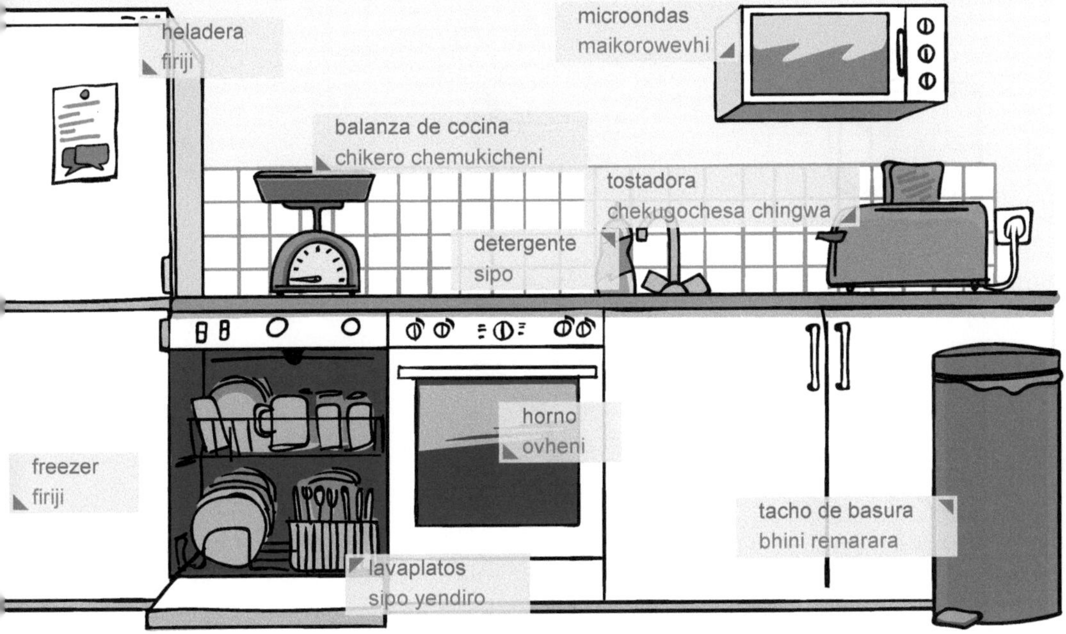

heladera
firiji

microondas
maikorowevhi

balanza de cocina
chikero chemukicheni

tostadora
chekugochesa chingwa

detergente
sipo

horno
ovheni

freezer
firiji

tacho de basura
bhini remarara

lavaplatos
sipo yendiro

cocina

chitofu

olla

poto

olla de hierro fundido

poto yesimbi

wok

wok / kadai

sartén

pani

pava

ketero

vaporera

chekubikisa neutsi
hwemvura

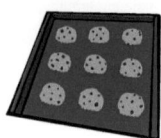

bandeja de horno

turei yekubhekesa

vajilla

ndiro

taza

kapu

bol

dishi

palitos

tumiti twekudyisa

cucharón

chipunu

estpátula

chipunu

batidora

chekusanganisisa

colador

chekukunisa

colador

chekukunisa

rallador

chekugiretesa

mortero

duri

parrilla

chiwaya

fogata

moto

tabla de picar

chekuchekera

palo de amasar

chekutsimbiririsa
mukanyiwa

sacacorchos

chekuvhurisa mabhodhoro
ewaini

lata

tini

abrelatas

chekuvhurisa tini

manopla

girovhosi rekubatisa
zvinopisa

pileta

singi

cepillo

bhurasho

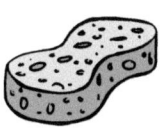

esponja

chipanji

batidora

chinosanganisa

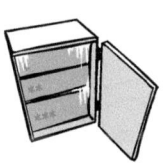

congelador

firiji

mamadera

bhodhoro remwana

canilla

pombi

baño
mekugezera

calefacción
chinodziisa mumba
toalla
tauro
ducha
shawa
cortina de ducha
keteni remushawa
baño de espuma
mvura yekugeza ine furo
bañadera
mekugezera
vaso
girazi
lavarropas
muchina wekuwachisa
canilla
pombi
baldosas
mataira
pelela
chipoti chemwana
pileta
singi

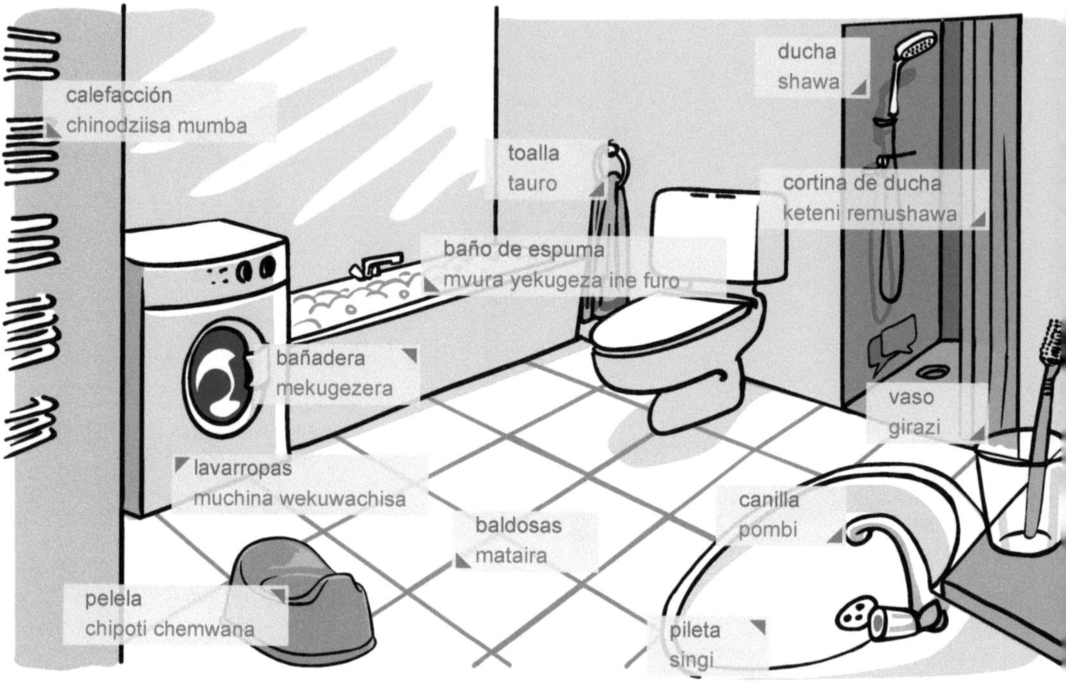

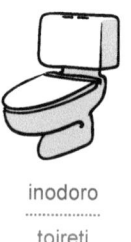

inodoro
toireti

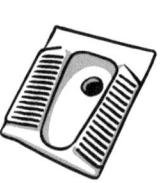

letrina
toireti yegomba

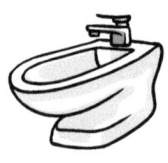

bidé
chemba

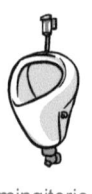

mingitorio
chekuitira weti chevarume

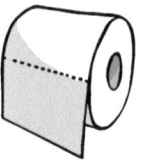

papel higiénico
pepa remutoireti

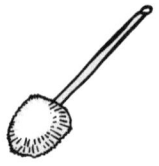

cepillo para el inodoro
bhurasho remutoireti

cepillo de dientes

bhurasho remazino

dentífrico

mushonga wemazino

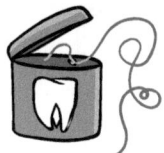

hilo dental

tambo yekugezesa mazino

lavar

kugeza

ducha de mano

shawa yekuita zvekubata

ducha higiénica

douche

palangana

bheseni

cepillo para espalda

bhurasho remusoro

jabón

sipo

gel de ducha

sipo yekugezesa mushawa

shampoo

shambuu

toallita

chekugezesa

desagüe

dhireni

crema

mafuta

desodorante

chinonhuwirira

espejo

girazi

espejito

girazi remumaoko

maquinita de afeitar

chekugeresa ndebvu

espuma de afeitar

furo rekugeresa ndebvu

aftershave

mafuta ekuzora wagera
ndebvu

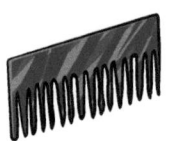

peine

kamu

cepillo

bhurasho

secador de pelo

chekuomesa bvudzi

spray

mushonga wekupfapfaidza
musoro

maquillaje

zvekupodesa

lápiz de labios

chekupendesa muromo

esmalte para uñas

chekupendesa nzara

algodón

donje

tijera para uñas

chigero chenzara

perfume

pefiyumu

portacosméticos

bhegi rezvekugezesa

banqueta

chituro

balanza

chikero

bata

bathrobe

guantes de goma

magirovhosi erabha

tampón

tampon

toallita femenina

pedhi

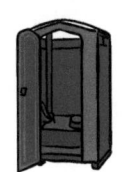

baño químico

toireti inotakurwa

cuarto de los chicos

imba yemwana

despertador
wachi
peluche
chitoyi chekurara nacho
coche de juguete
mota yekutambisa
sonajero
hosho
casa de muñecas
kamba kezvidhori
regalo
chipo

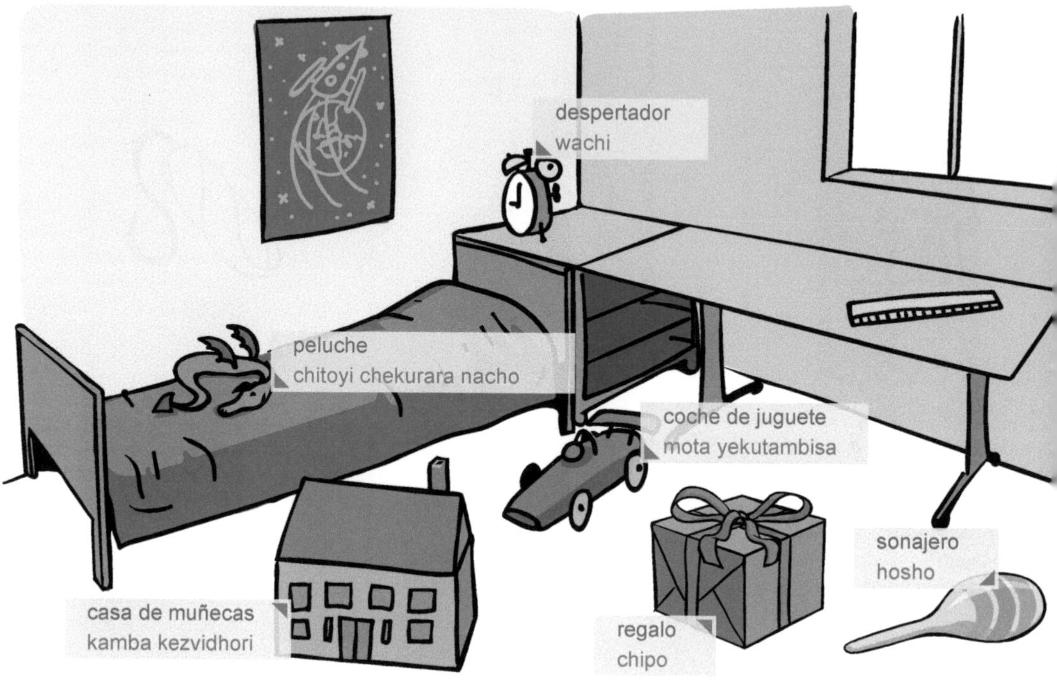

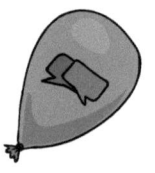

globo

chibharuma

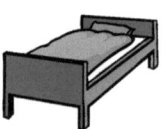

cama

mubhedha

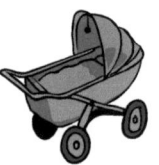

cochecito

purema

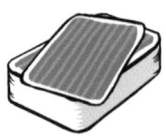

cartas

makadhi ekutamba

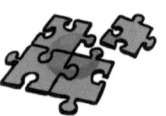

rompecabezas

puzzle

SUPER
MEGA

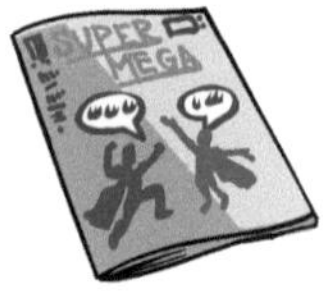

historieta

makatuni ekuverenga

piezas de lego

zvekuvakisa zvinhu

ladrillos de juguete

mabhuroko ekuvakisa

figura de acción

chidhori

enterito (de bebé)

babygrow

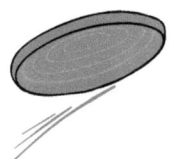

frisbee

chekutambisa uchikanda

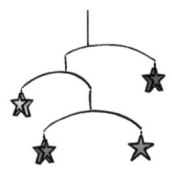

móvil para bebés

zvekuvaraidza mwana

juego de mesa

gemu rinotambirwa
pabhodhi

dados

dhaisi

tren eléctrico

zvitima zvekutambisa

chupete

chidhami

fiesta

mabiko

libro de cuentos ilustrado

bhuku remapikicha

pelota

bhora

muñeca

chidhori

jugar

kutamba

arenero

majecha ekutambira

hamaca

muzeerere

juguetes

zvekutambisa

consola de videojuegos

chekutambisa magemu emavhidhiyo

triciclo

kabhasikoro kemavhiri matatu

osito de peluche

teddy bear

armario

wadhiropu

ropa

zvipfeko

medias

masokisi

medias panty

masokisi

calzas

matirauzi anobata muviri

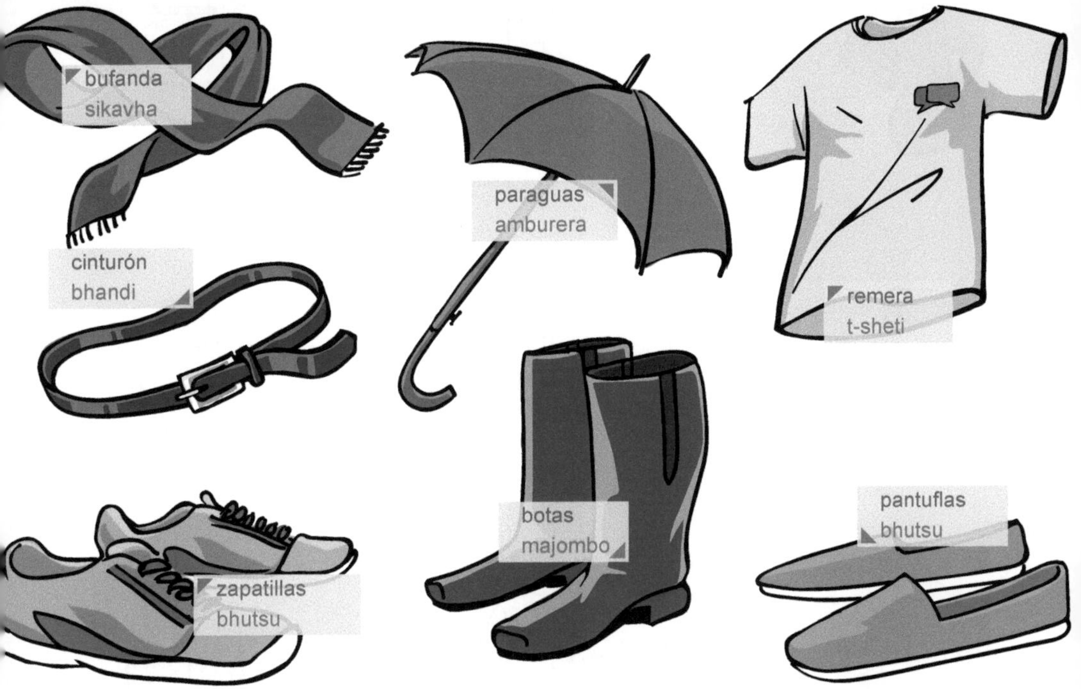

bufanda
sikavha

cinturón
bhandi

paraguas
amburera

remera
t-sheti

botas
majombo

pantuflas
bhutsu

zapatillas
bhutsu

sandalias

masanduru

zapatos

bhutsu

botas de goma

magambutsu

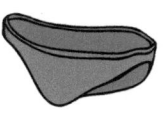

ropa interior

nduwe

corpiño

bhodhi

chaleco

vhesi

body

muviri

pantalones

tirauzi

jeans

jini

pollera

siketi

blusa

bhurauzi

camisa

hembe

pulóver

bhachi

buzo

chibhachi

blazer

bhachi

campera

bhachi

tapado

jasi

piloto

renikoti

traje

koshitomu

vestido

dhirezi

vestido de novia

dhirezi remuchato

traje

sutu

camisón

hembe yekurarisa

pijama

mapijama

sari

chari

pañuelo para cabeza

headscarf

turbante

heti

burka

burqa

caftán

kaftan

abaya

abaya

traje de baño

hembe yekutuhwinisa

short de baño

chikabudura

shorts

chikabudura

jogging

tirekisutu

delantal

apuroni

guantes

magirovhosi

botón

bhatani

anteojos

magirazi

pulsera

bhenguru

collar

chuma

anillo

rin'i

aro

mhete

gorra

kepisi

percha

hen'a

sombrero

heti

corbata

tai

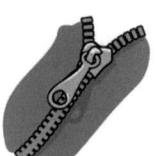

cierre

zipi

casco

herumeti

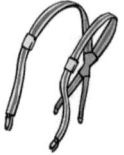

tiradores

mabhandi

uniforme escolar

yunifomu yekuchikoro

uniforme

yunifomu

babero

chibhibhi

chupete

chidhami

pañal

napukeni

oficina
hofisi

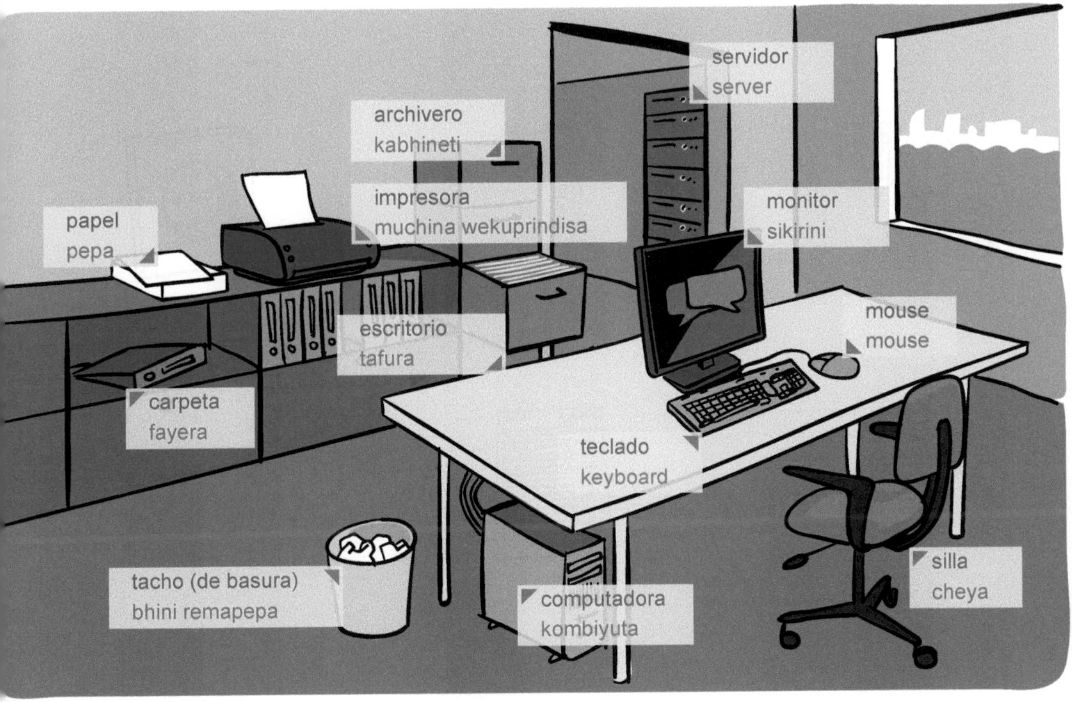

servidor
server

archivero
kabhineti

impresora
muchina wekuprindisa

monitor
sikirini

papel
pepa

mouse
mouse

escritorio
tafura

carpeta
fayera

teclado
keyboard

silla
cheya

tacho (de basura)
bhini remapepa

computadora
kombiyuta

taza de café

kapu yekofi

calculadora

kakureta

internet

indaneti

laptop

laptop

carta

tsamba

mensaje

tsamba

celular

serura

red

network

fotocopiadora

muchina wekufotokopesa

software

software

teléfono

foni

tomacorriente

pekupfekera magetsi

fax

muchina wefax

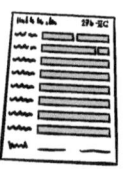

formulario

fomu

documento

gwaro

comprar

kutenga

pagar

kubhadhara

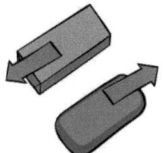

hacer negocios

kutengesa

dinero

mari

dólar

Dhora

euro

Euro

yen

Yen

rublo

rouble

franco suizo

Swiss franc

yuan

renminbi yuan

rupia

rupee

cajero automático

panobhadharwa

casa de cambio

panochinjwa mari

oro

goridhe

plata

sirivha

petróleo

mafuta

energía

magetsi

precio

mutengo

contrato

chibvumirano

impuesto

mutero

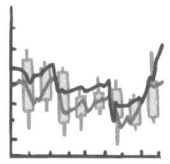

acción

masitoku

trabajar

kushanda

empleado

mushandi

empleador

mushandirwi

fábrica

fekitari

negocio

chitoro

ocupaciones
mabasa

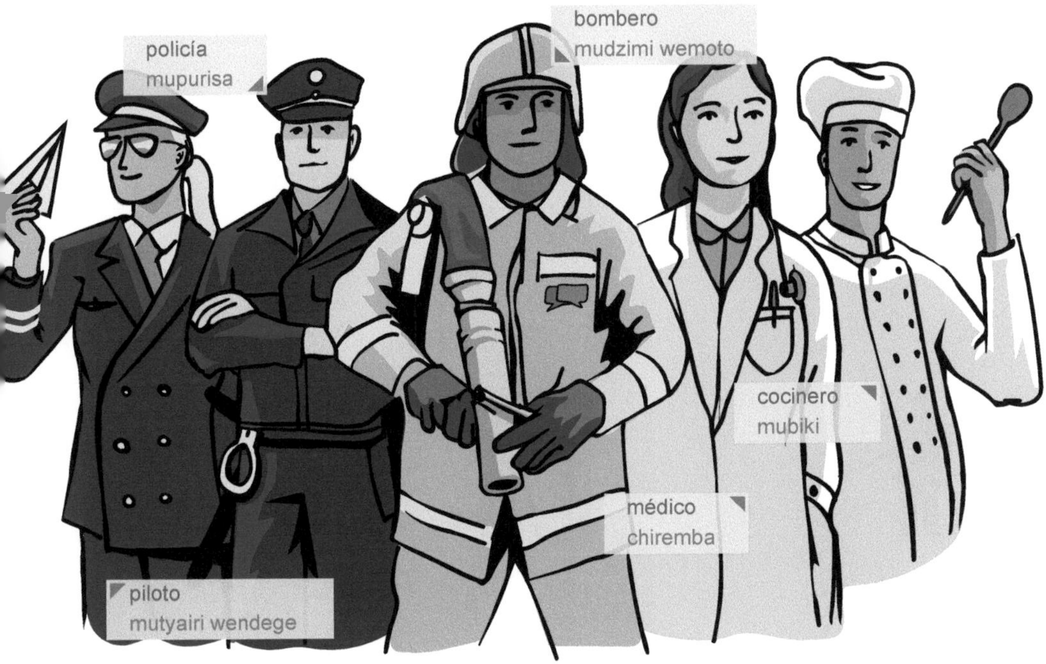
policía
mupurisa
bombero
mudzimi wemoto
cocinero
mubiki
médico
chiremba
piloto
mutyairi wendege

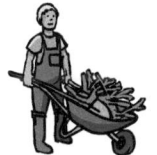

jardinero
mushandi wemugadheni

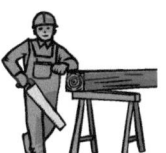

carpintero
muvezi

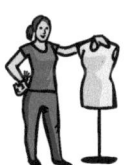

modista
mukadzi anosona

juez
mutongi

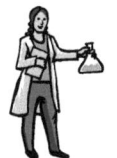

farmacéutico
anoita zvemishonga

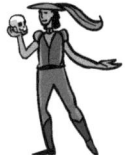

actor
ekita

colectivero

mutyairi webhazi

taxista

mutyairi wetaxi

pescador

muredzi

mucama

mudzimai anochenesa

techista

anogadzira denga

mozo

hweta

cazador

muvhimi

pintor

anopenda

panadero

mubiki wechingwa

electricista

mugadziri wemagetsi

albañil

muvaki

ingeniero

injiniya

carnicero

mushandi wemubhucha

plomero

puramba

cartero

positimeni

soldado

musoja

arquitecto

anoita mapurani edzimba

cajero

mutengesi

florista

mugadziri wemaruva

peluquero

mugadziri wemusoro

cobrador

kondakita

mecánico

makanika

capitán

kaputeni

dentista

chiremba wemazino

científico

musayindisti

rabino

rabbi

imán

imam

monje

mumonk

sacerdote

mufundisi

herramientas
maturusi

martillo
sando
tenaza
pinjisi
destornillador
sikuruudhiraivha
llave
chipanera
linterna
tochi

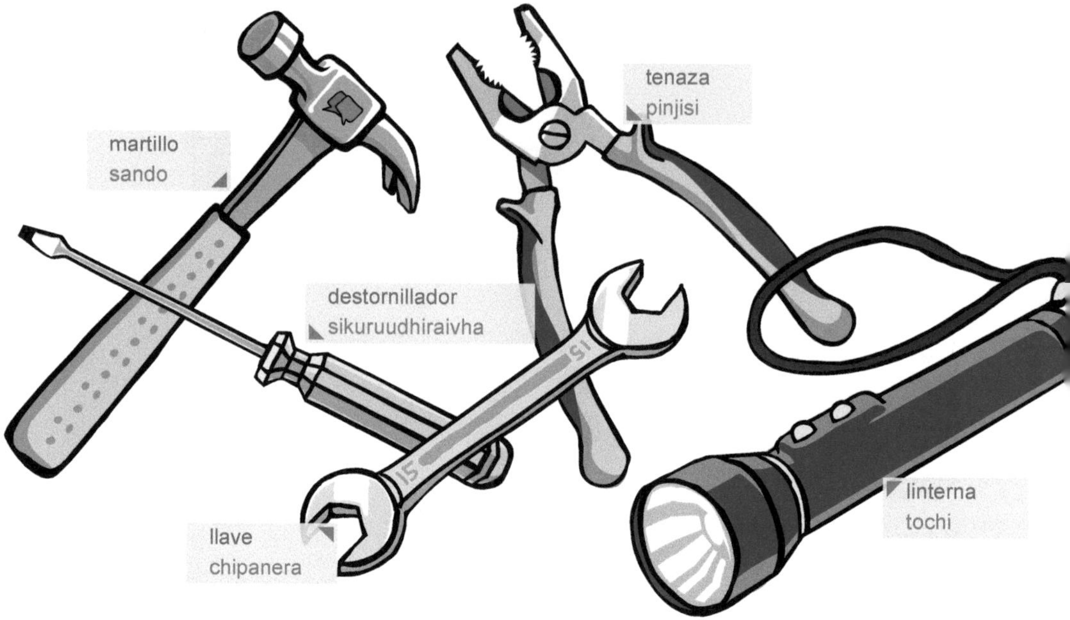

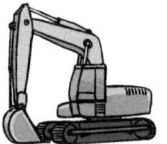

excavadora

chikatapira

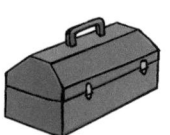

caja de herramientas

bhokisi rematurusi

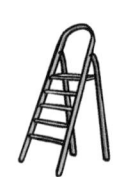

escalera portátil

manera

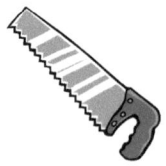

sierra

saha

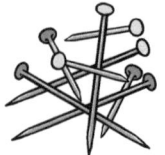

clavos

zvipikiri

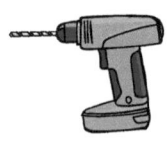

taladro

chibooreso

arreglar

kugadzira

pala de jardín

foshoro

¡Qué bronca!

Nxa!

pala de plástico

chidyoreso

tacho de pintura

gaba rependi

tornillos

masikuruu

instrumentos musicales
zviridzwa

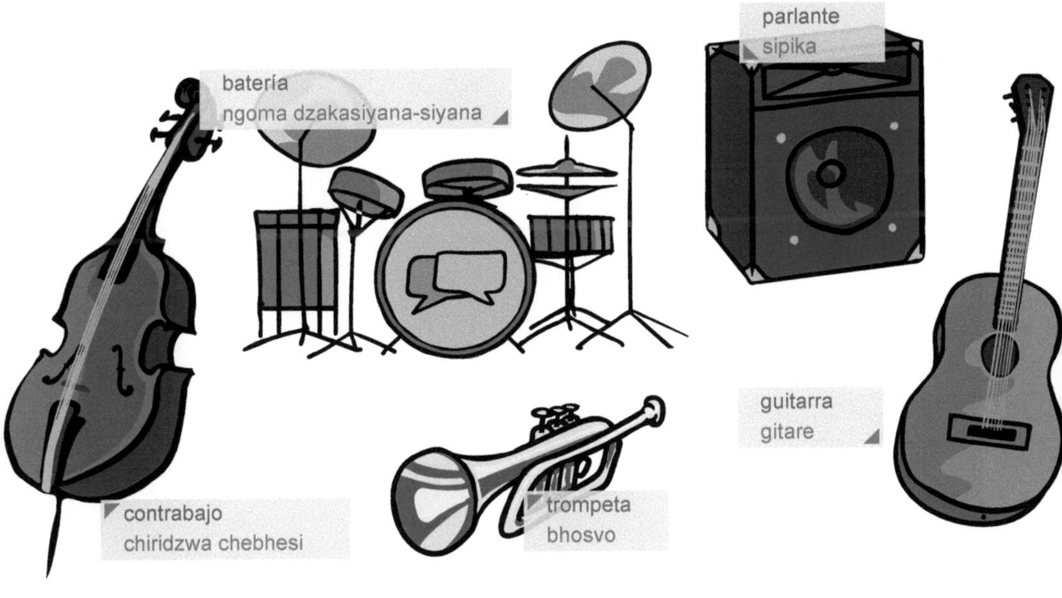

parlante
sipika

batería
ngoma dzakasiyana-siyana

guitarra
gitare

contrabajo
chiridzwa chebhesi

trompeta
bhosvo

piano

piyano

violín

violin

bajo

gitare rebhesi

timbales

ngoma

tambor

ngoma

teclado

piyano yemagetsi

saxofón

saxophone

flauta

nyere

micrófono

maikorofoni

zoológico
munochengeterwa mhuka

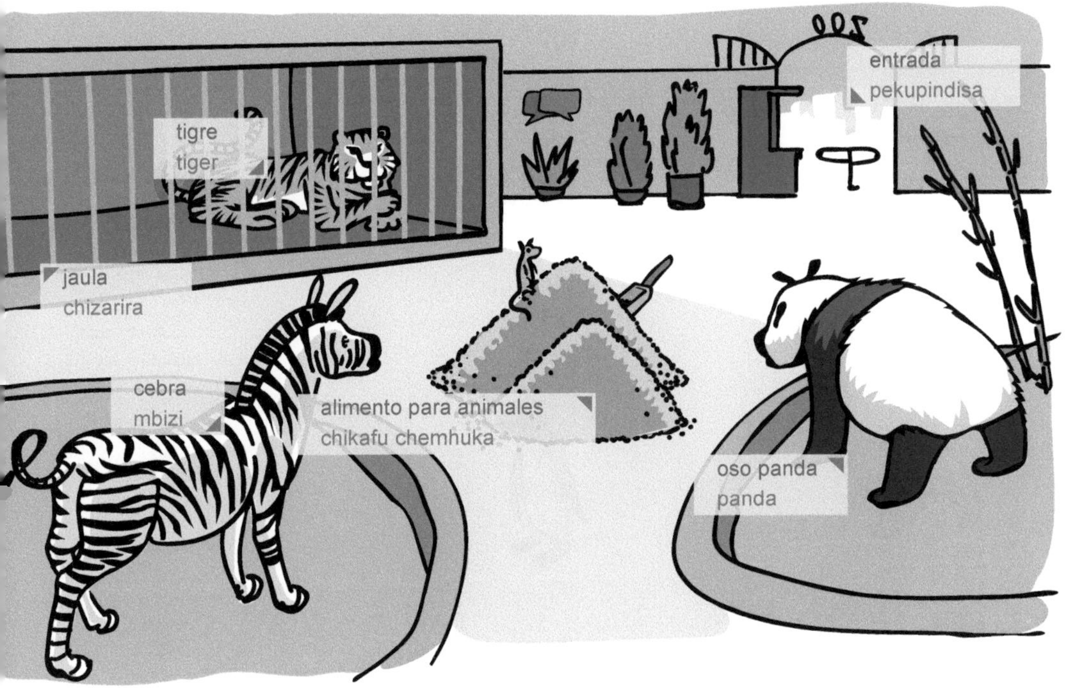

tigre
tiger
jaula
chizarira
cebra
mbizi
alimento para animales
chikafu chemhuka
oso panda
panda
entrada
pekupindisa

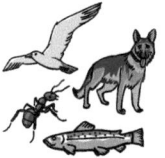

animales
mhuka

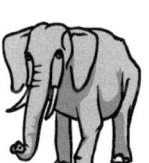

elefante
nzou

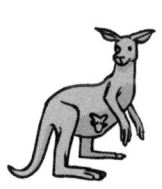

canguro
kangaruru

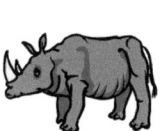

rinoceronte
chipembere

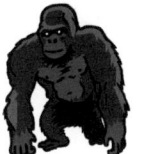

gorila
gorilla

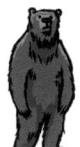

oso
bear

camello

ngamera

avestruz

mhou

león

shumba

mono

tsoko

flamenco

flamingo

loro

parrot

oso polar

bear rekuchando

pingüino

penguin

tiburón

shark

pavo real

pikoko

serpiente

nyoka

cocodrilo

garwe

cuidador del zoológico

muchengeti wenzvimbo
yemhuka

foca

seal

jaguar

jaguar

zoológico - munochengeterwa mhuka

poni

nyurusi

leopardo

ingwe

hipopótamo

mvuu

jirafa

twiza

águila

gondo

jabalí

nguruve yemusango

pescado

hove

tortuga

kamba

morsa

walrus

zorro

gava

gacela

nhoro

fútbol americano
bhora rekuAmerica

ciclismo
kuchovha

tenis
tenisi

básquet
bhora rebhasiketi

natación
kutuhwina

boxeo
tsiva

hockey sobre hielo
hockey yemuchando

fútbol

nhabvu

bádminton

badminton

atletismo

zvekumhanya

handball

bhora remaoko

esquí

kuita ski

polo

polo

actividades
mabasa

reír
kuseka
saltar
kusvetuka
abrazar
kumbundira
caminar
kufamba
cantar
kuimba
soñar
kurota
rezar
kunyengetera
besar
kutsvoda

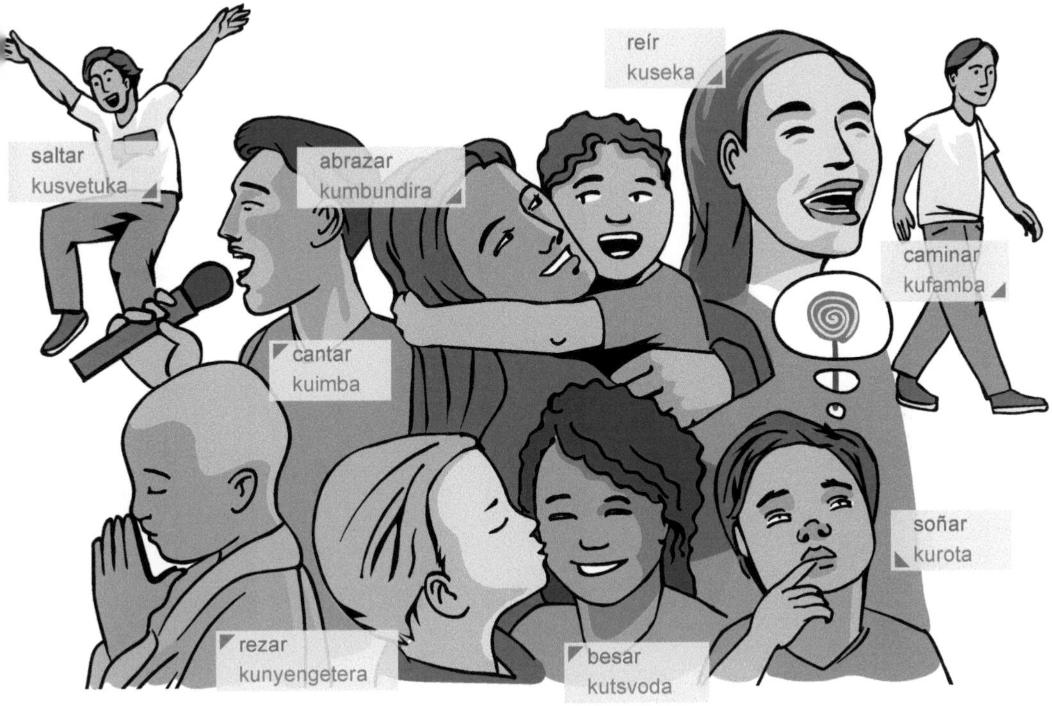

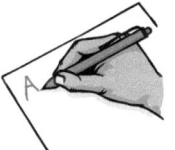

escribir
nyora

dibujar
kudhirowa

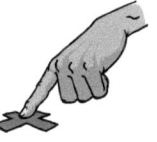

mostrar
kuratidza

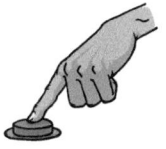

presionar
kusunda

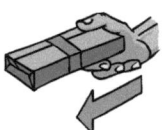

dar
kupa

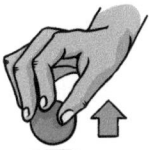

tomar
kutora

tener

kuva ne

hacer

kuita

ser

kuva

estar parado

kumira

correr

kumhanya

tirar

kudhonza

tirar

kukanda

caer

kudonha

estar acostado

kurara

esperar

kumirira

llevar

kutakura

estar sentado

kugara

vestirse

kupfeka

dormir

kurara

despertar

kumuka

mirar

kutarisa

llorar

kuchema

acariciar

kupuruzira

peinar

kukama

hablar

kutaura

entender

kunzwisisa

preguntar

kubvunza

escuchar

kuteerera

beber

kunwa

comer

kudya

ordenar

kuchenesa

amar

kuda

cocinar

kubika

manejar

kutyaira

volar

kubhururuka

actividades - mabasa

navegar

kufambiswa nemhepo

calcular

kakureta

leer

kuverenga

aprender

kudzidza

trabajar

kushanda

casarse

kuroora / kuroorwa

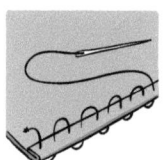

coser

kusona

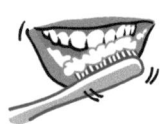

cepillarse los dientes

kukwesha mazino

matar

kuuraya

fumar

kuputa

enviar

kutumira

abuela
ambuya

abuelo
sekuru

padre
baba

madre
amai

bebé
mwana

hija
mwanasikana

hijo
mwanakomana

invitado

muenzi

tía

tete

tío

sekuru

hermano

hanzvadzikomana

hermana

hanzvadzisikana

cuerpo
muviri

frente
huma
ojo
ziso
hombro
bendekete
dedo
munwe
cara
chiso
pera
chirebvu
mano
ruoko
pierna
gumbo
pecho
chipfuva
brazo
ruoko

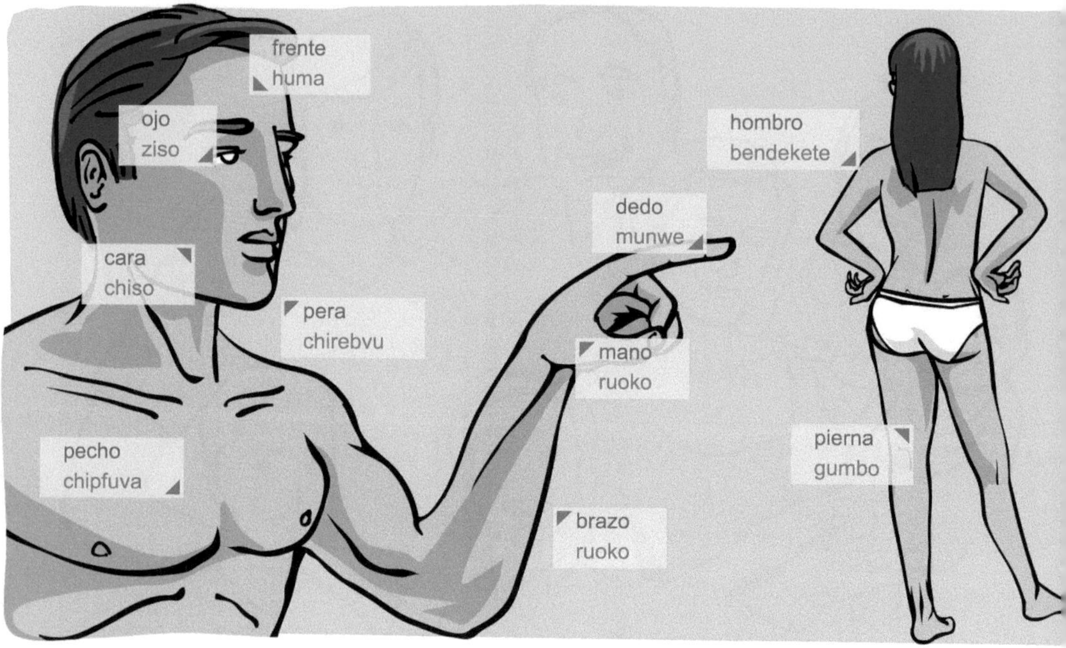

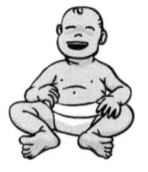

bebé
mwana

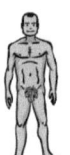

hombre
murume

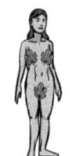

mujer
mukadzi

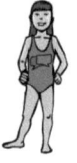

nena
musikana

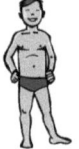

nene
mukomana

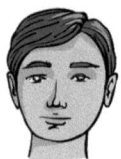

cabeza
musoro

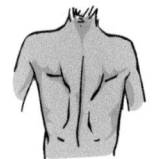

espalda

musana

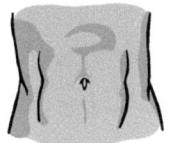

panza

dumbu

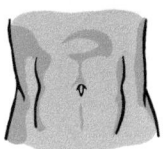

ombligo

guvhu

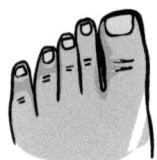

dedo del pie

chigunwe

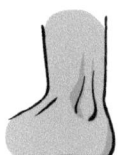

talón

chitsitsinho

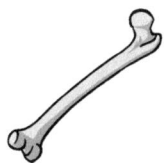

hueso

bhonzo

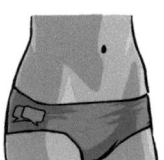

cadera

hudyu

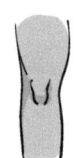

rodilla

ibvi

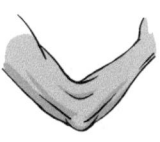

codo

gokora

nariz

mhino

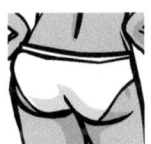

cola

garo

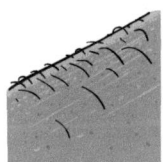

piel

ganda

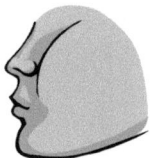

cachete

dama

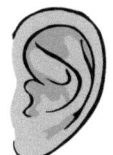

oreja

nzeve

labio

muromo

cuerpo - muviri

69

boca

mukanwa

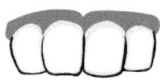

diente

zino

lengua

rurimi

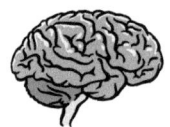

cerebro

uropi

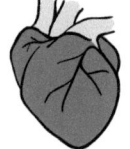

corazón

mwoyo

músculo

tsandanyama

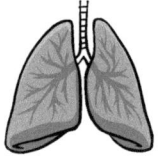

pulmón

bapu

hígado

chitaka

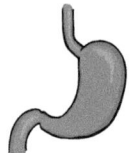

estómago

dumbu

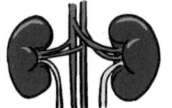

riñones

itsvo

sexo

kuita bonde

preservativo

kondomu

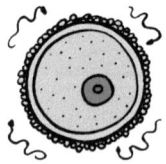

óvulo

zai

semen

urume

embarazo

nhumbu

cuerpo - muviri

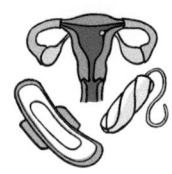

menstruación

kuenda kumwedzi

vagina

sikarudzi

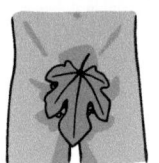

pene

mboro

ceja

tsiye

pelo

bvudzi

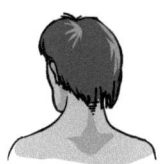

cuello

mutsipa

hospital
chipatara

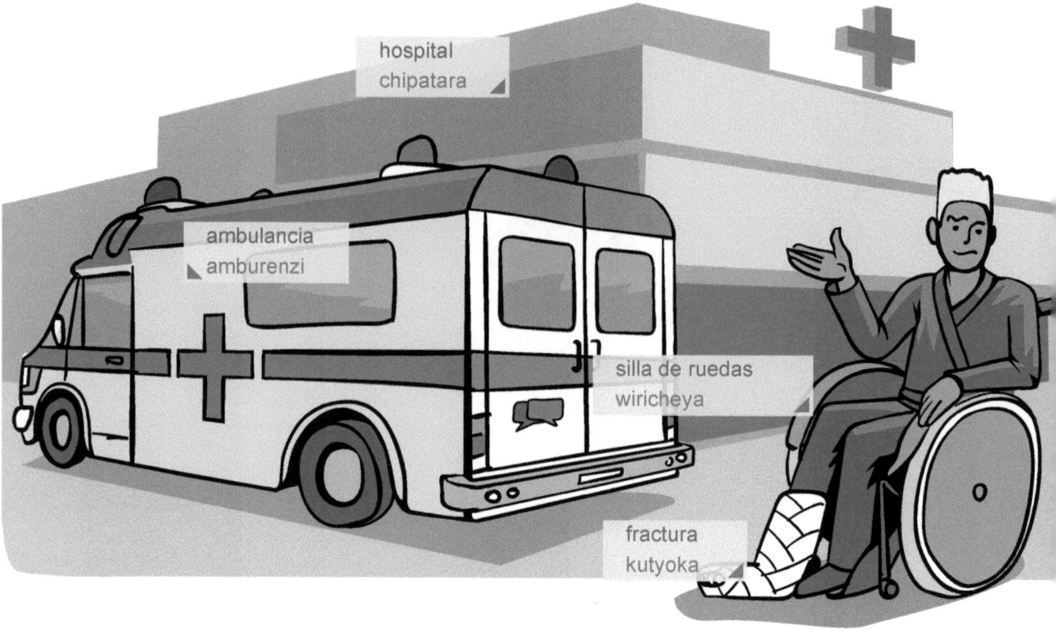

hospital
chipatara
ambulancia
amburenzi
silla de ruedas
wiricheya
fractura
kutyoka

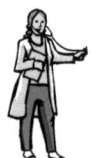

médico

chiremba

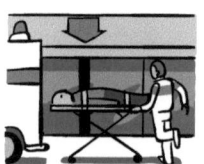

sala de guardia

imba yerubatsiro

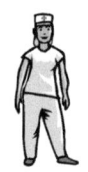

enfermera

nesi

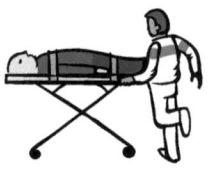

emergencia

zvekukurumidza

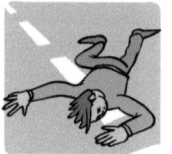

inconsciente

kufenda

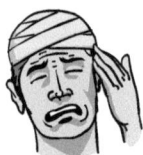

dolor

rwadza

lesión

kukuvara

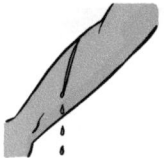

hemorragia

kubuda ropa

infarto

kuerekana mwoyo
usisashandi

ACV

kuoma rutivi

alergia

zvinorwarisa

tos

chikosoro

fiebre

fivha

gripe

furuu

diarrea

manyoka

dolor de cabeza

kutemwa nemusoro

cáncer

mhuka

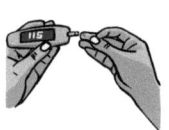

diabetes

chirwere cheshuga

cirujano

muvhiyi

bisturí

kabanga keoparesheni

operación

oparesheni

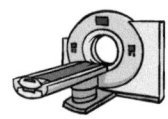

TC
....
CT

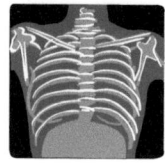

rayos x
....
x-ray

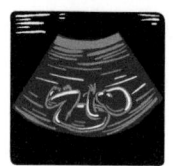

ecografía
....
ultrasound

barbijo
....
chekuvharisa mhino
nemuromo

enfermedad
....
chirwere

sala de espera
....
mekumirira kurapiwa

muleta
....
chidhondoro

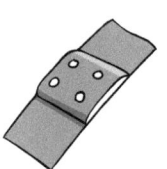

curita
....
purasita

venda
....
bhandiji

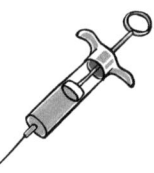

inyección
....
jekiseni

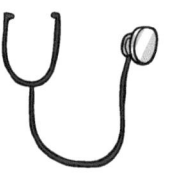

estetoscopio
....
chekuteerera nacho mukati

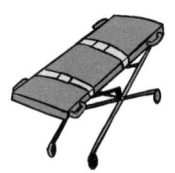

camilla
....
kamubhedha kemurwere

termómetro
....
chekutoresa nacho
tembiricha

nacimiento
....
kuzvara

sobrepeso
....
kufuta

audífono

chekubatsira kunzwa

desinfectante

mushonga unouraya
utachiona

infección

utachiona

virus

vhairasi

VIH / SIDA

HIV / AIDS

remedio

mushonga

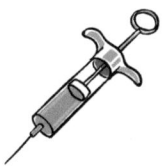

vacunación

kudzivirira zvirwere

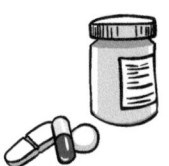

comprimidos

mapiritsi

pastilla anticonceptiva

piritsi

llamada de emergencia

kufonera rubatsiro ipapo
ipapo

tensiómetro

muchina wekuyeresa BP

enfermo / sano

kurwara / kugwinya

¡Ayuda!

Maiwe!

alarma

bhero

agresión

kurwisa

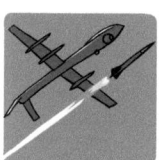

ataque

kurwisa

peligro

ngozi

salida de emergencia

pekupuda napo zvechimbi-chimbi

¡Fuego!

Moto!

matafuego

chekudzimisa moto

accidente

tsaona

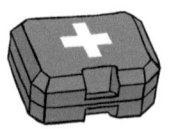

botiquín de primeros auxilios

zvinhu zvefirst aid

SOS

SOS

policía

mapurisa

Europa

Europe

América del Norte

Kuchamhembe kweAmerica

América del Sur

Kumaodzanyemba
kweAmerica

África

Africa

Asia

Asia

Australia

Australia

Atlántico

Atlantic

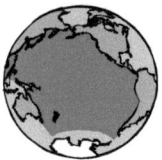

Pacífico

Pacific

Océano Índico

Nyanza yeIndia

Océano Antártico

Nyanza yeAntarctic

Océano Ártico

Nyanza yeArctic

polo norte

Kuchamhembe

polo sur

Kumaodzanyemba

Antártida

Antarctica

Tierra

Nyika

tierra

nyika

mar

gungwa

isla

chitsuwa

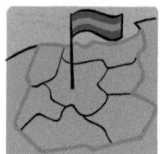

nación

nyika

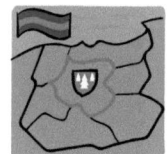

estado

nyika

esfera

wachi

manecilla de las horas

chinongedza awa

minutero

chinongedza miniti

segundero

chinongedza masekondi

¿Qué hora es?

Inguvai?

día

zuva

hora

nguva

ahora

izvozvi

reloj digital

wachi yemanhamba

minuto

miniti

hora

awa

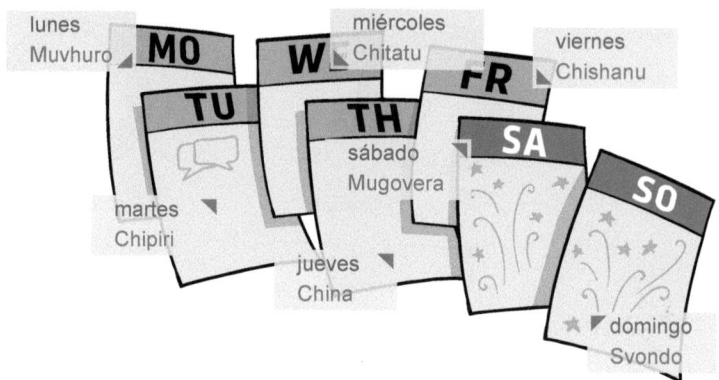

lunes
Muvhuro

miércoles
Chitatu

viernes
Chishanu

martes
Chipiri

sábado
Mugovera

jueves
China

domingo
Svondo

ayer
....
nezuro

hoy
....
nhasi

mañana
....
mangwana

mañana
....
mangwanani

mediodía
....
masikati

tarde
....
manheru

días hábiles
....
mazuva ebasa

fin de semana
....
kupera kwevhiki

lluvia
mvura

arco iris
muraraungu

viento
mhepo

nieve
chando

primavera
chirimo

otoño
matsutso

verano
zhizha

invierno
chando

4.APRIL	11°	☀
5.APRIL	4°	☁
6.APRIL	13°	⛆
7.APRIL	8°	☀
8.APRIL	10°	☀

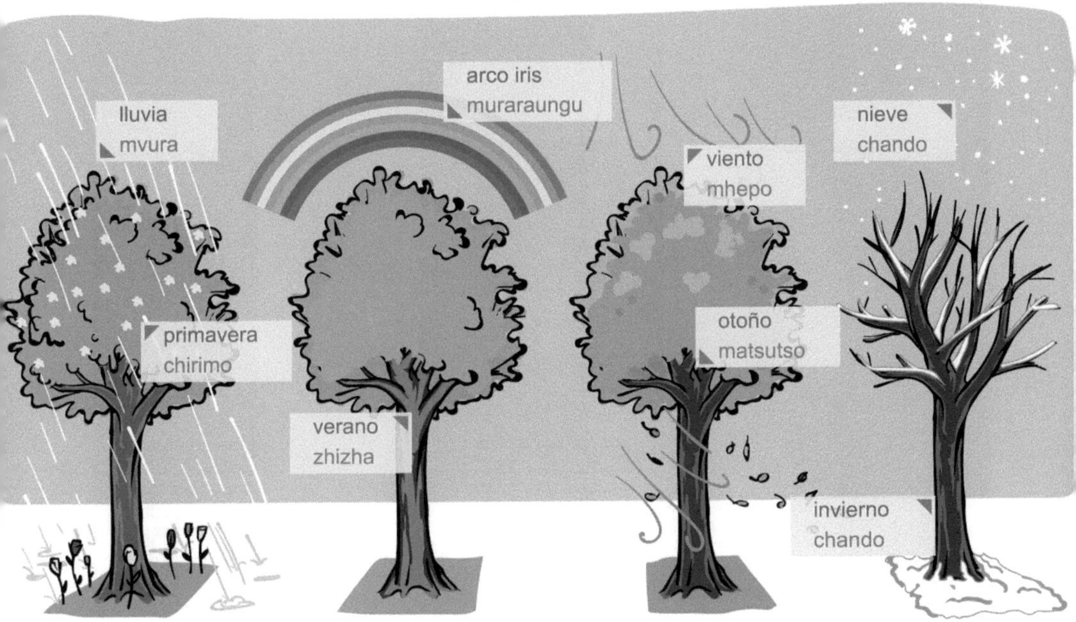

pronóstico meteorológico

mamiriro ekunze
anofungidzirwa

termómetro

chekutoresa tembiricha

luz del sol

zuva

nube

makore

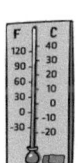

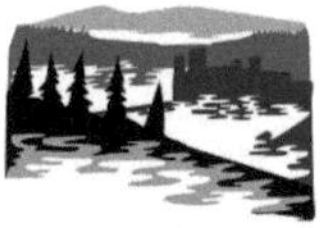

niebla

mhute

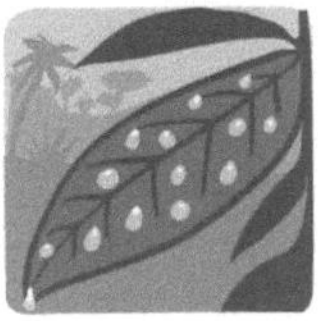

humedad

hunyoro

rayo

mheni

trueno

kutinhira

tormenta

dutu

granizo

chivhuramabwe

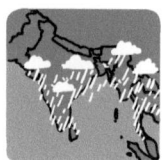

monzón

mhepo ine mvura

inundación

mafashamo

hielo

mazaya echando

enero

Ndira

febrero

Kukadzi

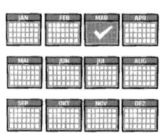

marzo

Kurume

abril

Kubvumbi

mayo

Chivabvu

junio

Chikumi

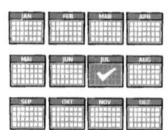

julio

Chikunguru

agosto

Nyamavhuvhu

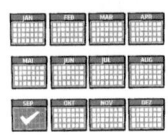

septiembre
....
Gunyana

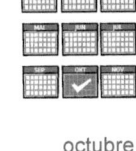

octubre
....
Gumiguru

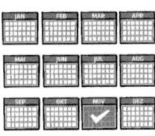

noviembre
....
Mbudzi

diciembre
....
Zvita

formas
mashepu

círculo
....
denderedzwa

cuadrado
....
sikweya

rectángulo
....
rectangle

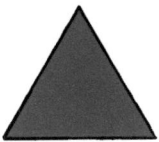

triángulo
....
triangle

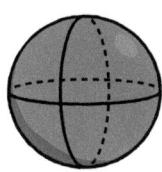

esfera
....
bhora

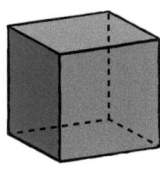

cubo
....
bhokisi

blanco

chena

amarillo

yero

naranja

orenji

rosa

pingi

rojo

tsvuku

violeta

pepuru

azul

bhuruu

verde

girini

marrón

kaki

gris

gireyi

negro

nhema

mucho / poco

zvakawanda / zvishoma

enojado / tranquilo

hasha / dzikama

lindo / feo

naka / shata

principio / fin

kutanga / kuguma

grande / chico

hombe / diki

claro / oscuro

jeka / rima

hermano / hermana

hanzvadzikomana /
hanzvadzisikana

limpio / sucio

chena / sviba

completo / incompleto

kwana / kusakwana

día / noche

masikati / usiku

muerto / vivo

yakafa / mhenyu

ancho / angosto

pamhamha / tetepa

comestible / no comestible

unodyiwa / haudyiwi

malo / amable

utsinye / mutsa

entusiasmado / aburrido

kunakidzwa / kufinhwa

gordo / flaco

kobvuka / tetepa

primero / último

kutanga / kupedzisira

amigo / enemigo

shamwari / muvengi

lleno / vacío

rakazara / hairina kuzara

duro / blando

oma / pfava

pesado / liviano

rema / reruka

hambre / sed

nzara / nyota

enfermo / sano

kurwara / kugwinya

ilegal / legal

zvisiri pamutemo / zviri pamutemo

inteligente / estúpido

kungwara / kupusa

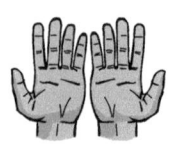

izquierda / derecha

ruboshwe / rudyi

cerca / lejos

pedyo / kure

nuevo / usado

matsva / matsaru

nada / algo

hapana / chiripo

viejo / joven

kuru / duku

encendido / apagado

batidza/dzima

abierto / cerrado

vhurika / vharika

silencioso / ruidoso

nyarara / ruzha

rico / pobre

mupfumi / murombo

correcto / incorrecto

chakanaka / chakaipa

áspero / suave

kukasharara /
kutsvedzerera

triste / contento

kusuwa / kufara

corto / largo

pfupi / refu

lento / rápido

nonoka / kurumidza

mojado / seco

nyoro / oma

caliente / frío

dziya / tonhora

guerra / paz

hondo / rugare

números

manhamba

0

cero

zero

1

uno

potsi

2

dos

piri

3

tres

tatu

4

cuatro

ina

5

cinco

shanu

6

seis

nhanhatu

7

siete

nomwe

8

ocho

sere

9

nueve

pfumbamwe

10

diez

gumi

11

once

gumi neimwe

12

doce

gumi nembiri

13

trece

gumi netatu

14

catorce

gumi neina

15

quince

gumi neshanu

16

dieciséis

gumi nenhanhatu

17

diecisiete

gumi nenomwe

18

dieciocho

gumi nesere

19

diecinueve

gumi nepfumbamwe

20

veinte

makumi maviri

100

cien

zana

1.000

mil

chiuru

1.000.000

millón

miriyoni

inglés

Chirungu

inglés americano

Chirungu chekuAmerica

chino mandarín

Mandarin yekuChina

hindi

ChiHindi

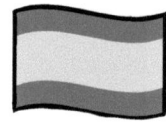

español

ChiSpanish

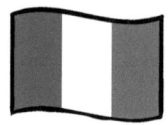

francés

ChiFrench

árabe

ChiArabic

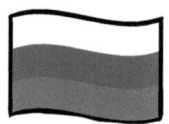

ruso

ChiRussian

portugués

ChiPortuguese

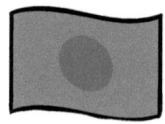

bengalí

ChiBengali

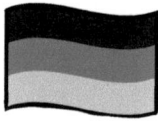

alemán

ChiGerman

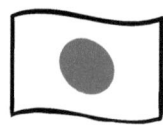

japonés

ChiJapanese

yo

ini

vos

iwe / imi

él / ella

iye

nosotros

isu

ustedes

imi

ellos

ivo

¿quién?

ani?

¿qué?

chii?

¿cómo?

sei?

¿dónde?

kupi?

¿cuándo?

riini?

nombre

zita

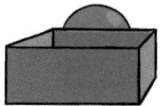

detrás

seri

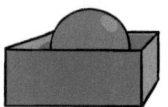

en

mukati

adelante de

pamberi

por encima de

nepamusoro

sobre

pamusoro

debajo de

pasi

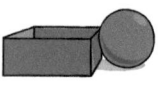

al lado de

divi

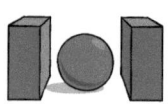

entre

pakati

lugar

nzvimbo